Inhalt

Investitions-Controlling - Tools und organisatorische Einbindung für erfolgreiche Investitionsentscheidungen

Kernthesen

Beitrag

Fallbeispiele

Weiterführende Literatur

Impressum

Investitions-Controlling - Tools und organisatorische Einbindung für erfolgreiche Investitionsentscheidung

M. Westphal

Kernthesen

- Investitionen wirken häufig langfristig und binden den knappen Faktor Kapital.
- Investitionen sind für den langfristigen unternehmerischen Erfolg in der aktuellen Wettbewerbssituation von immenser Bedeutung.

- Die hohe Komplexität aufgrund Interdependenzen verschiedener Fachabteilungen aber auch mit Partnerunternehmen verlangt nach einem strukturierten Controlling, um die langfristige Wettbewerbsfähigkeit des Unternehmens sicherzustellen.

Beitrag

Die zunehmende Bedeutung von Investitionen für den langfristigen Unternehmenserfolg wie auch die steigende Komplexität des gesamten Investitionsprozesses verlangt nach einem zentralen Controlling, welches den Prozess strukturiert, moderiert und eine erfolgreiche Nutzung der knappen Ressourcen Kapital und Mensch sicherstellt.

Investitions-Controlling gewinnt zunehmend an Bedeutung

In der aktuellen Wettbewerbssituation ist es von hoher Bedeutung, dass kontinuierlich in die Steigerung der Leistungsfähigkeit investiert wird. Damit wird die detaillierte Analyse von Investitionen vor ihrer Durchführung sehr wichtig. So muss sichergestellt werden, dass ein strukturierter Prozess implementiert wird, der den kompletten Investitionsprozess begleitet, um der Bedeutung für die zukünftige Kosten- und Ertragslage in der Zukunft des Unternehmens gerecht zu werden. (1) Vor allem produzierende Unternehmen müssen sich kontinuierlich mit Entscheidungen zur Investition in ihre Betriebsmittel befassen um die langfristige wettbewerbsfähige Ressourcenausstattung zu gewährleisten. Im Rahmen der steigenden Mechanisierung und Automatisierung steigt die Betriebsmittelintensität was letztendlich auch die Fixkostenbelastung nachhaltig steigert und damit den Anstieg der Gewinnschwelle und das unternehmerische Risiko erhöht. (4)

Im Rahmen des Investitionscontrollings sind vor allem folgende Kriterien zu beachten:
- Entscheidungen wirken langfristig und sind wenig reversibel.
- Das Kapital ist ein knapper Faktor, wohingegen die durch Investitionen resultierende Kapitalbindung hoch ist.
- Investitionen haben vielfältige Interdependenzen mit anderen betrieblichen Planungen.
- Investitionen beeinflussen die Rentabilität und Stabilität des Unternehmens direkt.
- Fehlinvestitionen können die Wettbewerbsfähigkeit des Unternehmens nachhaltig verschlechtern.
- Der Unternehmenserfolg wird durch erfolgreiche

Investitionen langfristig positiv beeinflusst. (4)

Das Investitionscontrolling teilt sich in zwei Phasen auf

Grundsätzlich sind im Rahmen des Investitionscontrollings zwei Phasen zu unterscheiden. Die **Investitionsplanung** und die **Investitionskontrolle.**Die erste Phase ist die **Investitionsplanung** oder **Investitionsanbahnung**, in der der Investitionsbedarf identifiziert wird in Form einer Problemdefinition. Es muss nach mehreren alternativen Lösungen gesucht werden, die bewertet und deren Problemlösungsbeitrag ermittelt wird. Dieser Prozess findet sein Ende im finalen Investitionsantrag. (1)
In dieser Phase ist ein Business Case für den gesamten Lebenszyklus der Investition zu erstellen. Er muss die mit dem Projekt verbundenen Ausgaben rechtfertigen und natürlich den erwarteten Gegenwert aufzeigen, um so eine Wirtschaftlichkeitsbetrachtung in Form eines betriebswirtschaftlichen Szenarios zu ermöglichen. Dabei sollten aber nicht nur rein quantitative Größen berücksichtigt werden, sondern gegebenenfalls auch qualitative Potenziale wie z. B. strategische Implikationen oder auch mögliche Risiken. (2)

Das Wirtschaftlichkeitsmodell ist letztendlich das Herzstück. Die resultierenden Kennzahlen, die auch der finanzmathematischen Investitionsrechnung entstammen, sind großenteils abhängig von der Qualität der Eingabewerte. Dabei ist die Validität abhängig von dem späteren Eintreffen der getroffenen Annahmen insbesondere im Bereich des Nutzenmodells. (2)
Ein neuer Ansatz des Investitionscontrollings versucht einen wertorientierten Ansatz mit den vier Wertdimensionen Effektivität, Effizienz, Nicht-Substituierbarkeit und Nicht-Imitierbarkeit zu nutzen. Dieser Ansatz orientiert sich an lean-orientierten Optimierungsheuristiken und soll zu einer besseren Schätzung zukünftiger Wertbeiträge einer Investition führen und damit die Planungsgenauigkeit erhöhen. (4)
Im zweiten Schritt, der **Investitionskontrolle** unterscheidet man die Realisierungs- und die Nutzungsphase. (1)
In der Realisierungs- und Nutzungsphase gibt es einmalige Controllingaufgaben wie die Formulierung von Richtlinien. Die Überprüfung der Budgeteinhaltung, Datenbereitstellung und analyse sowie die damit möglichen Abweichungsanalysen und Korrekturvorschläge gehören zu den wiederkehrenden Aufgaben. (1)
Die Kontrollberichte in der Investitionskontrollphase können folgende Punkte umfassen:

- Dokumentation von Abweichungen
- Abweichungsanalyse
- Vorschlag möglicher Maßnahmen
- Konkrete Empfehlungen zum weiteren Vorgehen
- Entsprechende Stellungnahme der Fachabteilungen zu diesen Empfehlungen.
(1)

Investitions-Controlling sind interdisziplinäres Projekte

Der Prozess der Investitionsplanung muss als interdisziplinäres Projekt verstanden werden, in dem neben den rein betriebswirtschaftlichen Gesichtspunkten auch relevantes Prozess-Knowhow und gegebenenfalls entsprechendes technisches Verständnis aus der betroffenen Fachabteilung einfließen. Nur so kann sichergestellt werden, dass der Business Case die spätere Realität so vollständig wie möglich abbildet. (2)
Im Kostenmodell des Business Cases dürfen nicht nur die mit der jeweiligen Einführung verbundenen Kosten des Investitionsobjekts abgebildet werden. Vielmehr müssen auch die in betroffenen Fachabteilungen notwendigen Kosten geplant werden, die mit der Einführung verbunden sein können. Um eine Total Cost of Ownership-

Betrachtung zu ermöglichen, sollten auch schon in dieser Phase evtl. absehbare und notwendige Re-Investitionen wie z. B. Kosten für Software-Updates einfließen. (2)
Ebenso sind einmalige wie auch laufende Kosten der Investition zu berücksichtigen. Sollten externe Kosten für Berater anfallen, so sind auch diese komplett einzurechnen. (2)
Eingesparte Kosten aufgrund von möglichen Prozessverbesserungen, die häufig bei Investitionen in IT-Projekte resultieren, müssen geschätzt werden. Gerade aber diese Potenziale, die sich aus der zukünftigen Nutzung der Investition ergeben, sind in der Regel reine Schätzgrößen und damit deutlich schwerer exakt zu planen als die Kosten des Projekts. (2)

Unternehmensübergreifende Supply Chain-Projekte sind sehr komplex

Ein Sondermodell von Investitionsentscheidungen sind Projekte, die sich auf die Zusammenarbeit mit Partnerunternehmen beziehen und damit auch von exogenen Variablen beeinflusst werden. Dieses können z. B. Projekte im Rahmen einer kompletten

Supply Chain sein. Hierbei muss eine Harmonisierung der Investitionsplanungen der beteiligten Unternehmen erzielt werden, um das unternehmensübergreifende gemeinsame Ziel von übergreifenden Erfolgspotenzialen sicherzustellen. Zwar werden die verschiedenen Investitionsprojekte von den einzelnen an der Supply Chain beteiligten Unternehmen autonom abgewickelt und finanziert. Die enge Verzahnung mit den Partnerunternehmen verlangt aber nach sachlicher und zeitlicher Koordination der Investitionsprojekte der beteiligten Partner. Nur so können Störungen bei der Zusammenarbeit vermieden werden und eine letztendlich größtmögliche Optimierung der gesamten Kette erreicht werden.

Die beteiligten Unternehmen müssen zunächst die übergreifenden Ziele ihrer Kooperation beschreiben und dann den Gesamtnutzen der verschiedenen Investitionsmaßnahmen definieren. Es müssen die Erfolgsbeiträge der einzelnen notwendigen Investitionen auf die Unternehmen identifiziert werden. Außerdem ist es notwendig die Interdependenzen aufzuzeigen, um mögliche (auch unerwünschte) Nebenwirkungen auf die einzelnen Partner der Prozesskette aufzuzeigen.

Erst wenn die gesamte Komplexität strukturiert erfasst worden ist, können sinnvolle Entscheidungen über Art, Ausmaß und Reihenfolge notwendiger Investitionen mit dem Ziel der übergreifenden

Optimierung getroffen werden. (3)

Steuerung von Investitionen in neue Geschäftsfelder

Auch im Rahmen von Investitionsentscheidungen, die sich auf die Schaffung neuer Kompetenz- oder Geschäftsfelder beziehen, ist ein entsprechendes proaktives Investitionscontrolling sicher zu stellen. Finanzielle und personelle Ressourcen sind nicht unbegrenzt vorhanden, sodass auch beim Aufbau neuer Geschäfte diejenigen Ideen und Projektvorschläge ausgewählt werden müssen, die das höchste Potenzial für zukünftigen Geschäftserfolg versprechen.
So steht zu Beginn dieses spezifischen Investitionscontrollings eine strategische Analyse, die Märkte und Kundenbedürfnisse sowie potenzielle Entwicklungsschwerpunkte in Wissenschaft und Technik und entsprechende soziokulturelle Trends untersucht. Das resultierende Portfolio wird dann im Rahmen einer Strengths and Weaknesses, Opportunities and Threats (SWOT)-Analyse bewerte. Damit wird der Nutzen sowie das Risikopotenzial der verschiedenen Geschäftsideen ermittelt und den jeweiligen Kostenrahmen gegenübergestellt. Das ermittelte Risikopotenzial bestimmt dann

letztendlich, in welche Geschäftsoptionen investiert wird. (5)

Fallbeispiele

Ein mittelständisches Unternehmen der Automobilzulieferindustrie nutzt die Methode der wertorientierten Investitionsplanung. Während des gesamten Prozesses wurden für die Mitarbeiter Workshops durchgeführt, um ein grundlegendes Verständnis für den unternehmensspezifischen Wertbegriff zu schaffen. Die sich daraus ergebenden Anforderungen an die Umsetzung in der operativen Arbeit führen zu einer zielgerichteten Anwendung und damit einem in den Augen der Geschäftsleitung insgesamt optimierten Investitionsprozess. (4)

Weiterführende Literatur

(1) Meyer, Matthias / Birl, Holger; Knollmann, Roman, Tätigkeitsfeld und Verbesserungspotenziale des zentralen Investitionscontrollings, Controlling, Heft 11, November 2007, S. 633 640
aus wissensmanagement, Heft 7, 2007, S. 44,45

(2) Lindemann, Marcus / Gronau, Nobert, RoI-Analyse für ERP-Systeme in Einzelfertigung und Anlagenbau, Controlling, Heft 10, Oktober 2007, S. 537 542
aus wissensmanagement, Heft 7, 2007, S. 44,45

(3) Winkler, Herwig, Einsatz des Investitions-Controllings im Supply Chain Management, Controlling, Heft 11, November 2007, S. 607 613
aus wissensmanagement, Heft 7, 2007, S. 44,45

(4) Schuh, Günter / Gottschalk, Sebastian; Lösch, Felix, Wertorientierte Investitionsplanung, Controlling, Heft 10, Oktober 2007, S. 527 536
aus wissensmanagement, Heft 7, 2007, S. 44,45

(5) IT-Strategie für das New Business Development
aus is report, Heft 10/2007, S. 26-29

Impressum

Investitions-Controlling - Tools und organisatorische Einbindung für erfolgreiche Investitionsentscheidungen

Bibliografische Information der deutschen Nationalbibliothek

Die Deutsche Nationalbibliothek verzeichnet diese Publikation in der deutschen Nationalbibliografie; detaillierte bibliografische Daten sind im Internet über http://dnb.d-nb.de abrufbar.

ISBN: 978-3-7379-0053-9

© 2015 GBI-Genios Deutsche Wirtschaftsdatenbank GmbH, Freischützstraße 96, 81927 München, www.genios.de

Alle Rechte vorbehalten. Dieses Werk ist einschließlich aller seiner Teile – z.B. Texte, Tabellen und Grafiken - urheberrechtlich geschützt. Jede Verwertung außerhalb der Grenzen des Urheberrechtsgesetzes bedarf der vorherigen Zustimmung des Verlags. Dies gilt insbesondere auch für auszugsweise Nachdrucke, fotomechanische Vervielfältigungen (Fotokopie/Mikroskopie), Übersetzungen, Auswertungen durch Datenbanken oder ähnliche Einrichtungen und die Einspeicherung und Verarbeitung in elektronischen Systemen.